ALPHABET EN IMAGES.

LA PREMIÈRE LEÇON DE Melle NINI.

PELLERIN & Cie, A ÉPINAL.

Lettres majuscules.

A B C D E
F G H I J K
L M N O P
Q R S T U
V W X Y Z

Nini, chère Nini, que nous aimons tous si tendrement, puisque vous avez le désir de vous instruire, recevez ce joli alphabet; il vous apprendra le nom de toutes les lettres. Quand vous saurez bien lire, nous vous donnerons des livres remplis d'histoires intéressantes et de belles images; étudiez donc bien vite afin de ne pas reculer ce plaisir.

Lettres minuscules.

a b c d e f g
h i j k l m n
o p q r s t u
v x y z.

Chiffres majuscules.

1 2 3 4 5 6 7 8 9

Chiffres romains

I II III IV V VI VII VIII IX

Nini a été bien sage. Elle connaît déjà le nom de toutes les lettres; il faut la récompenser : que lui donnerons-nous? Aujourd'hui, elle aura la permission d'aller voir Polichinel. Coui! coui! coui! le voilà ce coquin de Polichinel, il bat le gendarme. C'est affreux de maltraiter les gens, aussi voilà le Diable qui l'emporte sur ses grandes cornes.

Lettres anglaises majuscules.

A B C D E F G
H I J K L M N
O P Q R S T U
V X Y Z

Lettres anglaises minuscules.

a b c d e f g h i j
k l m n o p q r s
t u v x y z

Chiffres arabes.

1 2 3 4 5 6 7 8 9 0

Nini sait par cœur Ba be bi bo bu. Nous lui donnerons une jolie poupée qui dira papa, maman, avec une garde robe complète. Appelez vos petites amies, ma belle enfant, vous avez de quoi vous amuser. Vous habillerez votre poupée en petite alsacienne, en gentille amazone, ou vous la revêtirez de sa toilette de bal; ensuite vous ferez la dinette ensemble.

(7)

Lettres rondes majuscules

A B C D E F G
H I J K L M
N O P Q R S
T U V X Y Z

Lettres rondes minuscules.

a b c d e f g h i j k
l m n o p q r s t
u v x y z

Chiffres en ronde.

1 2 3 4 5 6 7 8 9 0

— Comment, Nini a été paresseuse? Nini ne sait rien de plus cette semaine! Reportez la poupée chez le marchand. Voilà Clémence et Virginie qui viennent pour jouer avec elle : pardon, Mesdemoiselles, vous n'entrerez pas; Nini est en pénitence et ne jouera pas de toute la journée. Cela vous fait de la peine et Nini a du chagrin, tant pis pour elle.

Voyelles simples.

A E E E I O U Y

Voyelles composées.

EU OU AN IN ON UN

Diphthongues.

ié ia io iou ian ion iai
ien ieu iau oui uin oin oué

Exercice sur les E.

L'È ouvert se prononce comme AI.

bè cè dè fè gè kè lè mè nè pè què rè sè tè

prononcez :

bai çai dai fai gai kai lai mai nai pai quai rai sai tai

L'E muet se prononce EU.

be ce de fe ge ke le me ne pe que re se te

prononcez :

beu çeu deu feu geu keu leu meu neu peu queu reu seu teu

L'É fermé se prononce comme dans ÉTÉ.

bé cé dé fé gé ké lé mé né pé qué ré sé té

La punition n'a pas été inutile. Nini sait reconnaître les consonnes des voyelles. C'est très bien. Aussi la conduirons-nous aujourd'hui chez son oncle, elle y trouvera sa cousine Félicie avec qui elle pourra s'amuser dans le jardin. Vous savez qu'il y a une balançoire dans le jardin et que l'oncle permet de courir dans l'herbe et de ravager toutes les fleurs.

SYLLABES.

ba	be	bi	bo	bu	ab	eb	ib	ob	ub
ca	ce	ci	co	cu	ac	ec	ic	oc	uc
da	de	di	do	du	ad	ed	id	od	ud
fa	fe	fi	fo	fu	af	ef	if	of	uf
ga	ge	gi	go	gu	ag	eg	ig	og	ug
ha	he	hi	ho	hu	ah	eh	ih	oh	uh
ja	je	ji	jo	ju	aj	ej	ij	oj	uj
ka	ke	ki	ko	ku	ak	ek	ik	ok	uk
la	le	li	lo	lu	al	el	il	ol	ul
ma	me	mi	mo	mu	am	em	im	om	um
na	ne	ni	no	nu	an	en	in	on	un
pa	pe	pi	po	pu	ap	ep	ip	op	up
qua	que	qui	quo	qu	aq	eq	iq	oq	uq
ra	re	ri	ro	ru	ar	er	ir	or	ur
sa	se	si	so	su	as	es	is	os	us
ta	te	ti	to	tu	at	et	it	ot	ut
va	ve	vi	vo	vu	av	ev	iv	ov	uv
xa	xe	xi	xo	xu	ax	ex	ix	ox	ux
za	ze	zi	zo	zu	az	ez	iz	oz	uz

Que venons nous d'apprendre? on dit que Nini a été surprise fourrant ses doigts dans le pot de crème! Est-ce possible! il faut nous renseigner sur cette grave affaire. Jeannette! où est Jeannette, la cuisinière? Vous pleurez, Mademoiselle Nini, seriez-vous coupable? Avouez votre faute plutôt que d'en commettre une seconde en disant un mensonge.

EXERCICE SUR LA PRONONCIATION.

bra	bre	bri	bro	bru	bla	ble	bli	blo	blu
dra	dre	dri	dro	dru	dla	dle	dli	dlo	dlu
cra	cre	cri	cro	cru	fla	fle	fli	flo	flu
fra	fre	fri	fro	fru	cla	clé	cli	clo	clu
gra	gre	gri	gro	gru	gla	gle	gli	glo	glu
pra	pre	pri	pro	pru	pla	ple	pli	plo	plu
sra	sré	sri	sro	sru	sla	sle	sli	slo	slu
tra	tré	tri	tro	tru	tla	tle	tli	tlo	tlu
vra	vre	vri	vro	vru	vla	vle	vli	vlo	vlu
zra	zré	zri	zro	zru	zla	zle	zli	zlo	zlu

gna gne gni gno gnu

bia	bie	bio	biu	mia	mie	mio	miu
cia	cie	cio	ciu	nia	nie	nio	niu
dia	die	dio	diu	pia	pié	pio	piu
fia	fie	fio	fiu	quia	quié	quio	
gia	gie	gio	giu	ria	rie	rio	riu
hia	hié	hio	hiu	sia	sie	sio	siu
jia	jie	jio	jiu	tia	tie	tio	tiu
kia	kie	kio	kiu	via	vié	vio	viu
lia	lié	lio	liu	zia	zie	zio	ziu

Connaissez-vous la nouvelle? Grand papa vient d'arriver, le voilà qui cause avec maman, un domestique l'accompagne, portant une grande boîte sous son bras. Cette boîte nous fait l'effet de contenir quelques surprises. Repassez vite votre leçon, chère Nini, car le grand papa ne manquera pas de vous interroger : si vous n'alliez pas savoir répondre ?

EXERCICE SUR LES SONS

mots d'une syllabe.

SONS PLEINS.

lac, geai, rail, bain, clair, mal, franc, char, cap, las, gras, miel, fât, reps, mer, mets, cerf, chef, lieu, jeu, nil, fuir, lis, job, christ, roc, noix, clou, point, pal, deuil, jet, vœu, fleur, vin, pied, nul, un, mur, turc, sus, busc, vol, prompt, cor, blé, mot, nain, île, eau, gers, mai, main, feu, joug, toul, pain, cour, fox, gros, arc, legs, foi, sel, mont, bal, chat, soir, beau, soin, don, bœuf.

Par bonheur, Nini a su répondre; par bonheur aussi elle a avoué sa faute de l'autre jour, vous savez, l'histoire de la crème. — C'est pourquoi son grand papa lui a donné la boîte. Qu'y a-t-il dans cette boîte? Ouvrez doucement : Que c'est joli! C'est une boutique d'épicerie. Merci, grand papa. Comme Nini va s'amuser à la petite marchande.

SUITE DE L'EXERCICE SUR LES SONS

mots à finale muette.

fable, perte, filtre, lièvre, vase,
poste, boite, tertre, crême, fée,
bible, joie, force, tube, sangle,
acte, faible, scribe, danse, rade,
zèbre, toile, gaffe, rose, prune,
libre, côte, âge, siècle, meuble,
neige, bagne, secte, lune, vie,
monde, chaise, terre, vice, gare,
nègre, messe, tige, genre, foie,
herse, encre, père, arme, poire,
poutre, halle, luxe, trace, ange,
bague, genre, plainte, femme,
chambre, geste, mâle, cendre,
branche, marbre, alpes, valse.

PETITES PHRASES
sur les mots d'une syllabe.

Il pleut. J'ai faim. On vient. C'est lui. J'y vais. Quel temps. J'ai soif. Le jour luit. C'est du lait. Dieu est bon. Le sel gris. Le gril noir. J'ai froid aux pieds. On fait du bruit. Ce lard est gras. Les blés sont mûrs. Le plomb est très lourd. Ce gant me va bien. Ce Turc sait le grec. Les cerfs ont de beaux yeux. Au Cap il fait très chaud.

Le Joug est fait pour les bœufs.

On ne voit plus que ciel et mer.

Le Chat est prompt mais le Rat est vif.

Les Yacks ont de très longs poils sur la peau.

On a la paix du cœur quand on suit la loi du Christ.

Eh quoi, Nini, vous faites pleurer votre camarade Julie en lui refusant de peser de la cassonade! Ce n'est pas bien du tout et Julie ne viendra plus jouer avec vous. Embrassez-la bien vite et demandez lui pardon. Quand on veut tout garder pour soi il ne faut rechercher la société de personne; ceux qui sont ainsi s'appellent des égoïstes.

SYLLABAIRE.
Exercice sur les sons.

MOTS DE DEUX SYLLABES.

A

ba-ba, da-da, ga-la, har-nais, co-rail, é-mail, tra-vail, ta-bac, é-clair, lé-zard, ba-vard, a-tlas, ru-ban, vol-can, vi-lain, bo-cal,

E

par-lé, con-seil, cer-feuil, cas-tel, a-vec, so-leil, blanc-bec, i-dem, hô-tel, ne-veu, cor-beau, ri-deau, a-grès, pro-cès, ab-bé, ex-près, ho-chet, cu-ré, buf-fet, vo-leur,

I

mi-mi, a-mi, jo-li, vau-rien, an-cien, ba-ril, fu-sil, gen-til, ca-nif, oi-sif, ta-rif, rou-gir, ac-tif, i-bis, blon-din, ma-ïs.

Où en êtes vous de vos leçons, Nini? Vous savez épeler les mots de deux syllabes, il nous faudra passer à d'autres exercices. En attendant, vous pouvez sauter à la corde jusqu'à l'heure du dîner. Ne sautez pas avec trop d'ardeur, c'est nuisible à la santé. Voilà une pauvre enfant qui vous regarde d'un air d'envie, prêtez lui votre corde aussi afin qu'elle s'amuse un peu.

SUITE DES EXERCICES SUR LES SONS.

O

em-ploi, oc-troi, mou-choir,
bo-bo, zé-ro, ef-froi, co-co,
cha-mois, sour-nois, bon-jour,
bon-bon, vau-tour, dis-cours.

U

*poin-tu, ai-gu, té-tu, ca-duc,
ap-pui, en-nui, é-tui, cha-cun,
a-zur, fu-tur, obs-cur, o-bus,
ré-bus, sa-lut, dé-but, af-fût.*

MOTS DE TROIS SYLLABES.

ré-sé-da, o-dé-on, lu-cra-tif, do-mi-no,
os-se-let, é-tour-di, mo-dè-le, mer-cre-di,
ju-pi-ter, in-ci-vil, a-lam-bic, om-ni-bus,
na-ti-on, na-tu-re, ap-pa-reil, sau-va-ge.

Qui vient là! C'est Georges et sa petite sœur, la filleule de Nini : Entrez, monsieur le matelot: entrez, mademoiselle Pouponne : savez-vous marcher à présent? La nourrice va vous descendre et vous viendrez ici embrasser votre marraine. A présent, venez sur mes bras, je vais vous présenter à maman qui vous aime presque autant que moi.

(24)
MOTS DE TROIS SYLLABES.

sou-ve-nir, tour-ne-vis, mer-ce-rie, vil-la-geois,
pa-ra-sol, va-ga-bond, cor-ri-dor, a-ma-dou,
car-re-four, é-blou-i, bis-cor-nu, a-que-duc,
om-ni-bus, au-tri-chien, cha-pe-let, gen-dar-me.

MOTS DE QUATRE SYLLABES.

é-pou-van-tail, ca-va-le-rie, Jé-ru-sa-lem,
il-lu-si-on, pé-ti-ti-on, com-tem-po-rain,
en-tre-pre-neur, en-ve-ni-mer, dé-so-bé-ir,
ca-rac-tè-re, ca-bri-o-let, en-tre-te-nir.

ACCENTS.

′   `   ˆ   ¨

Accent aigu,   Accent grave,   Accent circonflexe,   Tréma.

L'accent aigu se met sur l'É fermé.
L'accent grave se met sur l'È ouvert et quelquefois sur l'A.

Bonne maman a emmené Nini et sa filleule à la promenade, avec la nourrice et Georges. Qu'il fait bon courir à l'ombre des grands arbres. Place! place! voilà Nini et sa filleule dans la voiture aux chèvres. Georges conduit l'équipage. N'est-ce pas que Nini est bien heureuse? on lui procure bien des plaisirs. Aussi promet-elle d'être toujours bien sage.

L'accent circonflexe se met sur toutes les voyelles longues.

Le tréma se met sur les voyelles E I U pour les détacher d'autres voyelles.

EXEMPLE.

A
dèjà.	âme.	châtiment.	lâche
voilà.	pâtre.	blâme.	pâte.
là-haut.	gâteau.	dégât.	château.

E
scélérat.	procès.	baptême.	poêle.
sénat.	décès.	fête.	noël.
paré.	succès.	arrêt.	poëte.

I
abîme.	cloître.	haïr.	sinaï.
île.	paître.	coïncider.	naïf.
prît.	gîte.	Moïse.	aïeul.

O
| côte. |
| ôter. |
| rôle. |

U
jeûne.	Imaüs.
flûte.	Esaü.
affût.	Saül.

Savez-vous pourquoi Nini est si désespérée? c'est que, pour la première fois de sa vie, elle a été malhonnête. Un jeune paysan en sabots est venu demander après Jeannette, et la petite l'a fort mal reçu; or ce paysan étant le frère de la bonne, Jeannette, mortifiée, veut absolument quitter la maison; Nini la supplie de n'en rien faire.

SIGNES ORTHOGRAPHIQUES.

'	ҙ	—
Apostrophe.	Cédille.	Trait-d'union.

L'apostrophe sert à la suppression d'une voyelle et se place à gauche ou en haut de la lettre : Exemple L'

La cédille sert a adoucir les sons et se met dessous la lettre C devant les voyelles A O U : Exemple Ç.

Le trait-d'union sert à lier les mots qui n'expriment qu'une seule idée et se place entre les mots. Exemple —

EXEMPLE SUR L'APOSTROPHE.

L'homme, l'amitié, l'obscurité, l'enfant.

Sans l'apostrophe on serait obligé de dire :

Le homme, la amitié, la obscurité, etc.

EXEMPLE SUR LA CÉDILLE

Maçon, reçu, menaça, garçon, français.

EXEMPLE SUR LE TRAIT-D'UNION.

Peu-à-peu, corps-de-garde, chef-d'œuvre, tire-bouchon, couvre-pied, rez-de-chaussée.

Mademoiselle Nini a bien fait de se repentir car le jeune campagnard apportait dans sa hotte un lièvre apprivoisé et une corbeille de fraises. Aussitôt libre, le petit lièvre se mit à faire des cabrioles si réjouissantes que Nini, transportée de joie, sauta au cou de l'enfant en sabots et lui jura que désormais elle ne jugerait plus les gens sur leur habit.

DE LA PONCTUATION.

La ponctuation sert à séparer les différents membres de phrases et indique ordinairement les repos que l'on doit observer en lisant.

La ponctuation est représentée par les signes suivants :

La virgule.	,
Le point virgule.	;
Le point.	.
Les deux points.	:
Le point d'exclamation.	!
Le point d'interrogation.	?
Le guillemet.	(»)
Le tiret.	—
Les points suspensifs.	....

Bonne nouvelle et grande fête à la maison. Nini sait lire! très-bien lire! Pour célébrer ce beau succès, les parents de la petite fille donnent un bal où sont invitées toutes les amies. Après le bal il y aura lanterne magique. Nini est rayonnante de bonheur. — Apprenez bien vite à lire, chers enfants, et vous serez aussi heureux que Nini.

EN VENTE
Chez les mêmes Éditeurs.

A B C des petits Garçons.
A B C des petites Filles.
A B C de Polichinel.
A B C des Animaux sauvages.
A B C des Animaux domestiques.
Le premier Livre de Mademoiselle Nini.
Le premier Livre de Monsieur Toto.
Les nouveaux Robinsons.
Le Livre de Saint Nicolas.
Le Capitaine Fracasse.
Le Loup, la Chèvre et les Biquets.
Moustache, le chien du régiment.
Louisette et Charlot.
Jean-Bart.
Le Frère et la Sœur.
Le petit Poucet.
Le petit Chaperon rouge.
Le Chat botté.
Cendrillon.
La Barbe-Bleue.
Riquet à la houppe.
L'oiseau bleu.
Peau d'Ane.
La Belle au Bois dormant.
Histoire de la Tour d'Auvergne.
Id.   de Jeanne d'Arc.

www.ingramcontent.com/pod-product-compliance
Lightning Source LLC
Chambersburg PA
CBHW060905050426
42453CB00010B/1574